skole - iskola	2
rejse - utazás	5
transport - közlekedés	8
by - város	10
landskab - táj	14
restaurant - étterem	17
supermarked - szupermarket	20
drikkevarer - italok	22
mad - étel	23
bondegård - gazdálkodás	27
hus - ház	31
stue - nappali	33
køkken - konyha	35
badeværelse - fürdőszoba	38
børneværelse - gyerekszoba	42
tøj - ruházat	44
kontor - iroda	49
økonomi - gazdaság	51
erhverv - foglalkozások	53
værktøj - szerszámok	56
musikinstrumenter - hangszerek	57
zoo - állatkert	59
sport - sportok	62
aktiviteter - tevékenységek	63
familie - család	67
krop - test	68
sygehus - kórház	72
nødstilfælde - vészhelyzet	76
Jorden - föld	77
ur - óra	79
uge - hét	80
år - év	81
former - alakzatok	83
farver - színek	84
modsætninger - ellentétek	85
tal - számok	88
sprog - nyelvek	90
hvem / hvad / hvordan - ki / mi / hogyan	91
hvor - hol	92

Impressum
Verlag: BABADADA GmbH, Nedderfeld 112 , 22529 Hamburg
Geschäftsführer / Verlagsleitung: Harald Hof
Druck: Books on Demand GmbH, In de Tarpen 42, 22848 Norderstedt

Imprint
Publisher: BABADADA GmbH, Nedderfeld 112 , 22529 Hamburg, Germany
Managing Director / Publishing direction: Harald Hof
Print: Books on Demand GmbH, In de Tarpen 42, 22848 Norderstedt, Germany

skole

iskola

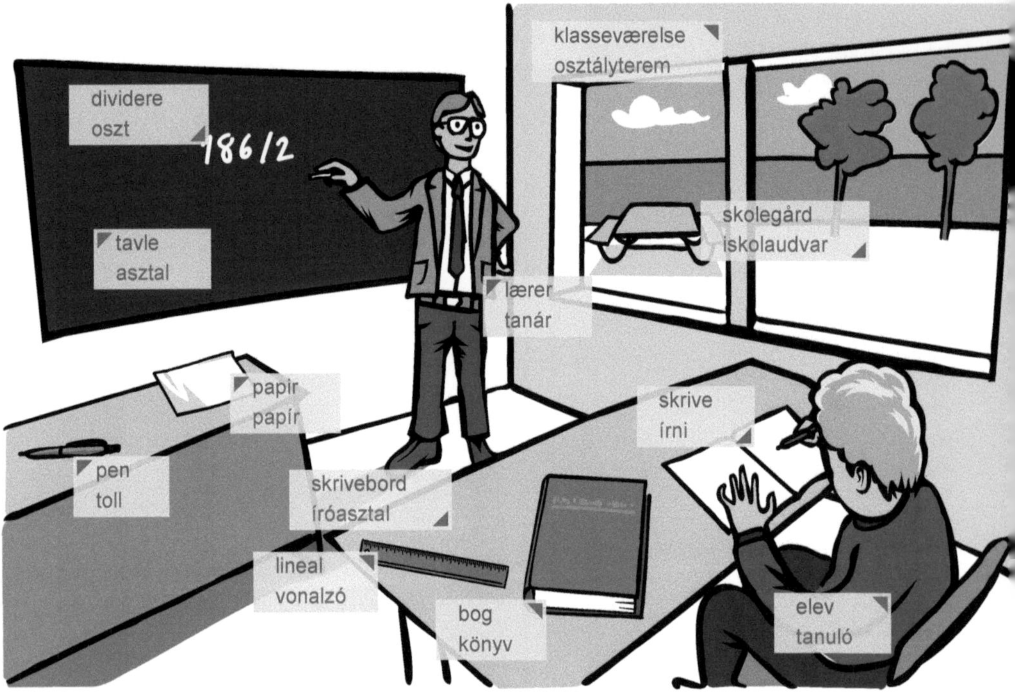

klasseværelse
osztályterem
dividere
oszt
186/2
tavle
asztal
skolegård
iskolaudvar
lærer
tanár
papir
papír
skrive
írni
pen
toll
skrivebord
íróasztal
lineal
vonalzó
bog
könyv
elev
tanuló

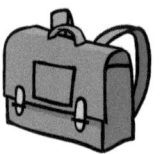

skoletaske

iskolatáska

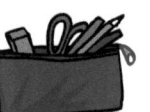

penalhus

tolltartó

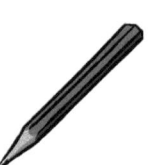

blyant

ceruza

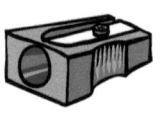

blyantspidser

ceruzahegyező

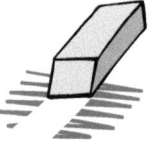

viskelæder

radír

tegneblok

rajzfüzet

tegning
rajz

pensel
ecset

æske med vandfarver
festőkészlet

saks
olló

lim
ragasztó

opgavehefte
munkafüzet

lektie
házi feladat

12

tal
szám

2+2

addere
összead

5-2

subtrahere
kivon

2×2

multiplicere
szoroz

regne
számol

A

bogstav
betű

**ABCDEFG
HIJKLMN
OPQRSTU
VWXYZ**

alfabet
ABC

hello

ord
szó

tekst

szöveg

læse

olvasni

kridt

kréta

time

tanóra

klasseprotokol

napló

eksamen

vizsga

karakterbog

bizonyítvány

skoleuniform

iskolai egyenruha

uddannelse

oktatás

leksikon

enciklopédia

universitet

egyetem

mikroskop

mikroszkóp

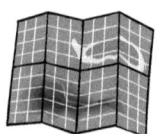

kort

térkép

papirkurv

papír-hulladék gyűjtő

rejse
utazás

hotel
hotel
Grand
herberg
szállás
ROOMS
EXCHANGE
vekselkontor
valutaváltó iroda
kuffert
bőrönd
bil
autó

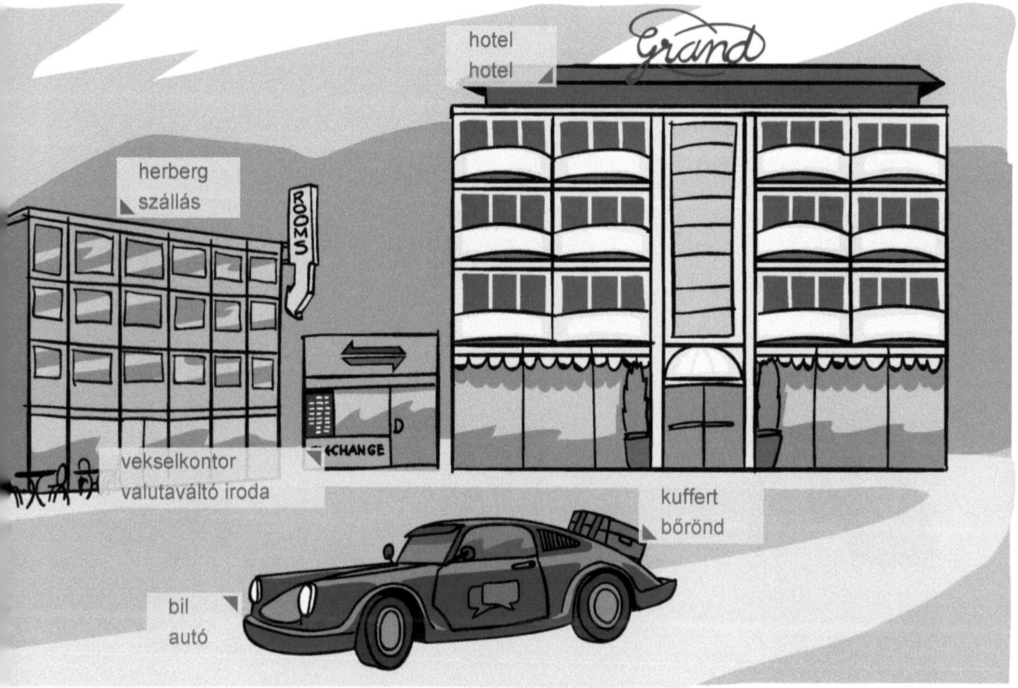

sprog

nyelv

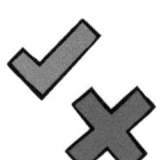

ja / nej

igen/nem

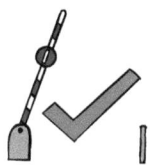

okay

rendben

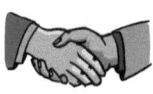

hej

szia

oversætter

fordító

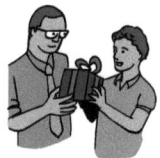

tak

köszönöm

hvad koster...?

mennyibe kerül...?

Jeg forstår ikke

nem értem

problem

probléma

God aften!

Jó estét!

God morgen!

jó reggelt!

God nat!

jó éjszakát!

farvel

viszontlátásra

retning

útirány

bagage

poggyász

taske

táska

rygsæk

hátizsák

gæst

vendég

værelse

szoba

sovepose

hálózsák

telt

sátor

turistinformation

turista információ

strand

strand

kreditkort

hitelkártya

morgenmad

reggeli

middagsmad

ebéd

aftensmad

vacsora

billet

jegy

elevator

lift

frimærke

bélyeg

grænse

határ

told

vám

ambassade

nagykövetség

visum

vízum

pas

útlevél

transport
közlekedés

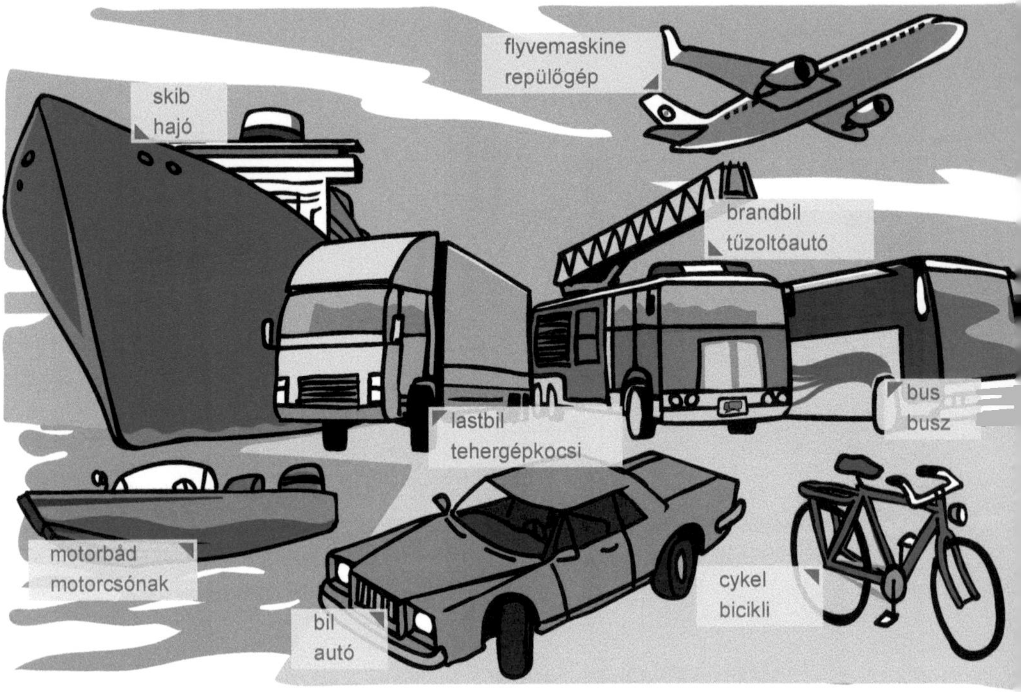
flyvemaskine
repülőgép
skib
hajó
brandbil
tűzoltóautó
bus
busz
lastbil
tehergépkocsi
motorbåd
motorcsónak
cykel
bicikli
bil
autó

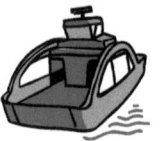

færge

komp

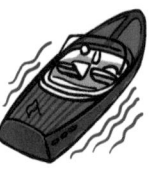

båd

csónak

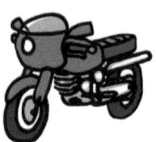

motorcykel

motorkerékpár

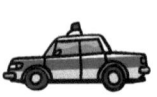

politibil

rendőrautó

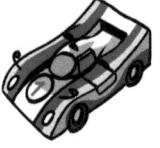

racerbil

versenyautó

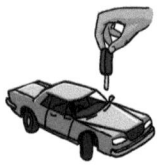

lejebil

bérautó

samkørsel	kranbil	skraldebil
telekocsi	vontató	szemetes autó

motor	benzin	tankstation
motor	üzemanyag	benzinkút
	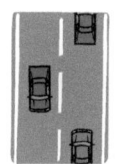	
trafikskilt	trafik	trafikprop
közlekedési tábla	forgalom	forgalmi dugó

parkeringsplads	banegård	skinner
parkoló	vonatállomás	sínek
	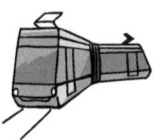	
tog	sporvogn	wagon
vonat	villamos	vagon

helikopter

helikopter

lufthavn

repülőtér

tårn

torony

passager

utas

container

konténer

karton

kartondoboz

kærre

taliga

kurv

kosár

starte / lande

felszáll / leszáll

by
város

landsby

falu

bymidte

városközpont

hus

ház

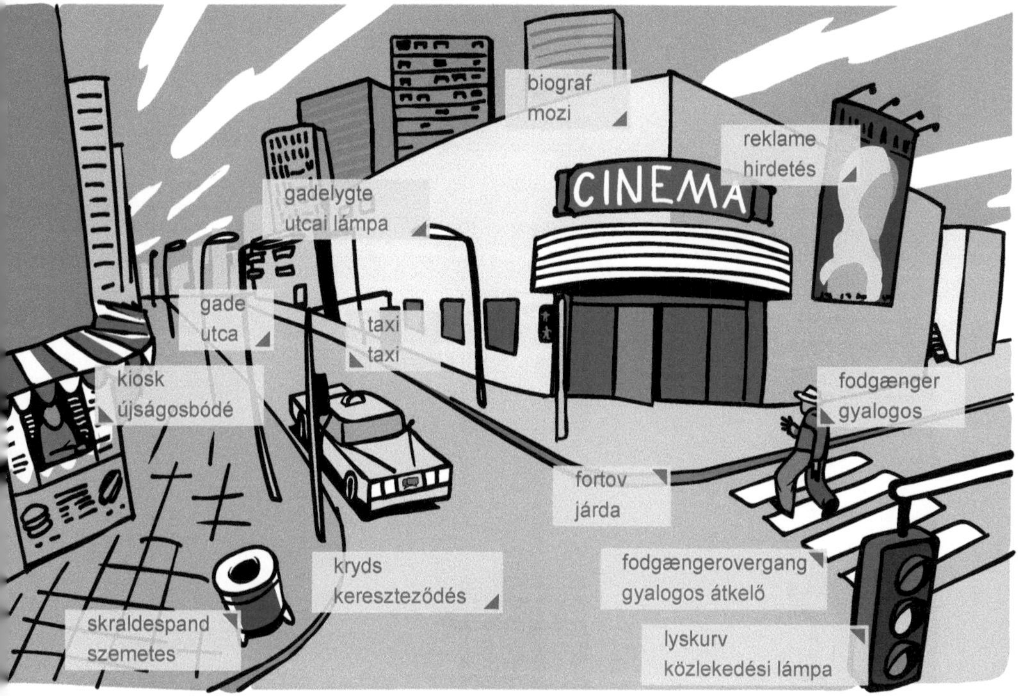

biograf
mozi

reklame
hirdetés

gadelygte
utcai lámpa

gade
utca

taxi
taxi

kiosk
újságosbódé

fodgænger
gyalogos

fortov
járda

kryds
kereszteződés

fodgængerovergang
gyalogos átkelő

skraldespand
szemetes

lyskurv
közlekedési lámpa

hytte
....
kunyhó

lejlighed
....
lakás

banegård
....
vonatállomás

rådhus
....
városháza

museum
....
múzeum

skole
....
iskola

universitet

egyetem

bank

bank

sygehus

kórház

hotel

hotel

apotek

gyógyszertár

kontor

iroda

boghandel

könyvesbolt

butik

üzlet

blomsterbutik

virágüzlet

supermarked

szupermarket

marked

piac

stormagasin

áruház

fiskehandler

halárus

butikscenter

bevásárló központ

havn

kikötő

by - város

park

park

bænk

pad

bro

híd

trappe

lépcső

undergrundsbane

metró

tunnel

alagút

busstoppested

buszmegálló

barnevogn

bár

restaurant

étterem

postkasse

postaláda

vejskilt

utcatábla

parkometer

parkoló óra

zoo

állatkert

badeanstalt

uszoda

moske

mecset

bondegård
gazdálkodás

miljøforurening
környezetszennyezés

kirkegård
temető

kirke
templom

legeplads
játszótér

tempel
szentély

landskab
táj

blad
levél

vejviser
útjelző tábla

vej
út

eng
rét

sten
kő

træ
fa

vandrer
túrázó

flod
folyó

græs
fű

blomst
virág

dal
....
völgy

bjerg
....
domb

sø
....
tó

skov
....
erdő

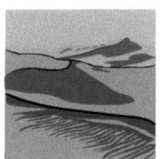

ørken
....
sivatag

vulkan
....
vulkán

slot
....
kastély

regnbue
....
szivárvány

svamp
....
gomba

palme
....
pálmafa

moskito
....
szúnyog

flue
....
légy

myre
....
hangya

bi
....
méhecske

edderkop
....
pók

bille
bogár

frø
béka

egern
mókus

pindsvin
sündisznó

hare
nyúl

ugle
bagoly

fugl
madár

svane
hattyú

vildsvin
vaddisznó

hjort
szarvas

elg
rénszarvas

dæmning
gát

vindmølle
szélturbina

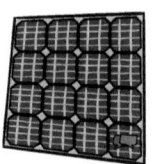

solcellemodul
napelem

klima
éghajlat

tjener
pincér

spisekort
menü

stol
szék

suppe
leves

pizza
pizza

bestik
evőeszköz

borddug
terítő

forret
előétel

hovedret
főétel

dessert
desszert

drikkevarer
italok

mad
étel

flaske
üveg

fastfood
gyorsétel

streetfood
gyorsétel

tekande
teás kanna

sukkerdåse
cukortartó

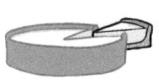

portion
adag

espressomaskine
eszpresszógép

barnestol
bárszék

faktura
számla

tablet
tálca

kniv
kés

gaffel
villa

ske
kanál

teske
teáskanál

serviet
szalvéta

glas
pohár

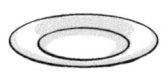

tallerken

tányér

dyb tallerken

leveses tányér

underkop

csészealj

sovs

szósz

saltbøsse

sószóró

peberkværn

borsőrlő

eddike

ecet

olie

étkezési olaj

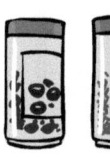

krydderier

fűszerek

ketchup

ketchup

sennep

mustár

mayonnaise

majonéz

supermarked
szupermarket

tilbud
különleges ajánlat
FOR
kunde
ügyfél
mælkeprodukter
tejtermék
frugt
gyümölcsök
indkøbsvogn
bevásárló kocsi

BUTCHERS

slagter

hentes

BAKERY

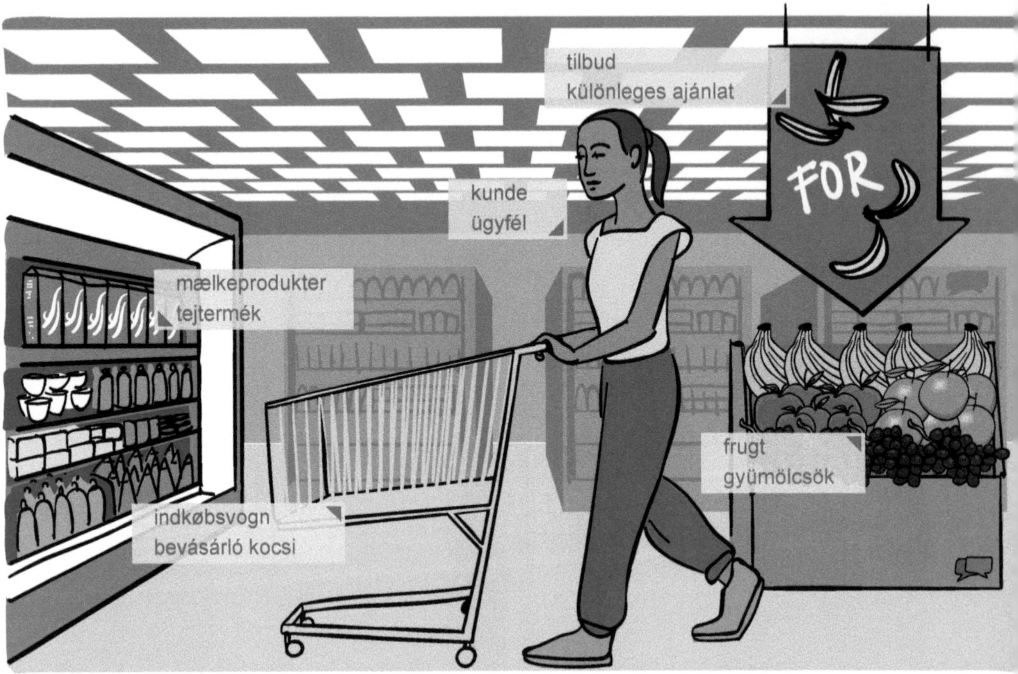

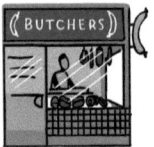

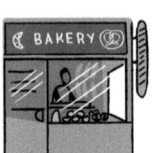

bageri

pékség

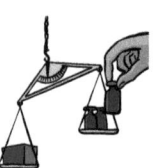

veje

nyom valamennyit

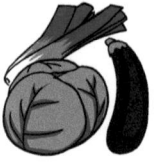

grøntsager

zöldség

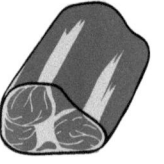

kød

hús

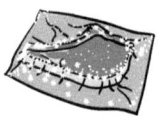

frostvarer

fagyasztott áru

pålæg

felvágott

konserves

konzerv

vaskemiddel

mosópor

slik

édességek

husholdningsvarer

háztartási termék

rengøringsmidler

tisztítószerek

ekspedient

eladó

kasse

pénztárgép

kasserer

eladó

indkøbsliste

bevásárló lista

åbningstider

nyitva tartás

tegnebog

levéltárca

kreditkort

hitelkártya

taske

zacskó

plasticpose

műanyag zacskó

vand

víz

saft

gyümölcslé

mælk

tej

cola

kóla

vin

bor

øl

sör

alkohol

alkohol

kakao

kakaó

te

tea

kaffe

kávé

espresso

eszpresszó

cappuccino

kapucsínó

banan

banán

æble

alma

appelsin

narancs

melon

sárgadinnye

citron

citrom

gulerod

sárgarépa

hvidløg

fokhagyma

bambus

bambusz

løg

hagyma

svamp

gomba

nødder

magvak

nudler

nokedli

spaghetti

spagetti

ris

rizs

salat

saláta

pomfritter

sült krumpli

stegte kartofler

sült burgonya

pizza

pizza

hamburger

hamburger

sandwich

szendvics

schnitzel

hússzelet

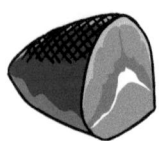

skinke

sonka

salami

szalámi

pølse

kolbász

kylling

csirke

steg

pecsenye

fisk

hal

havregryn
zabkása

mysli
müzli

cornflakes
kukoricapehely

mel
liszt

croissant
croissant

rundstykke
zsemle

brød
kenyér

toast
pirítós kenyér

kiks
keksz

smør
vaj

kvark
túró

kage
sütemény

æg
tojás

spejlæg
tükörtojás

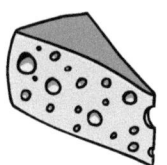

ost
sajt

is

jégkrém

sukker

cukor

honning

méz

marmelade

lekvár

nougat-creme

mogyorókrém

karry

curry

bondegård
gazdálkodás

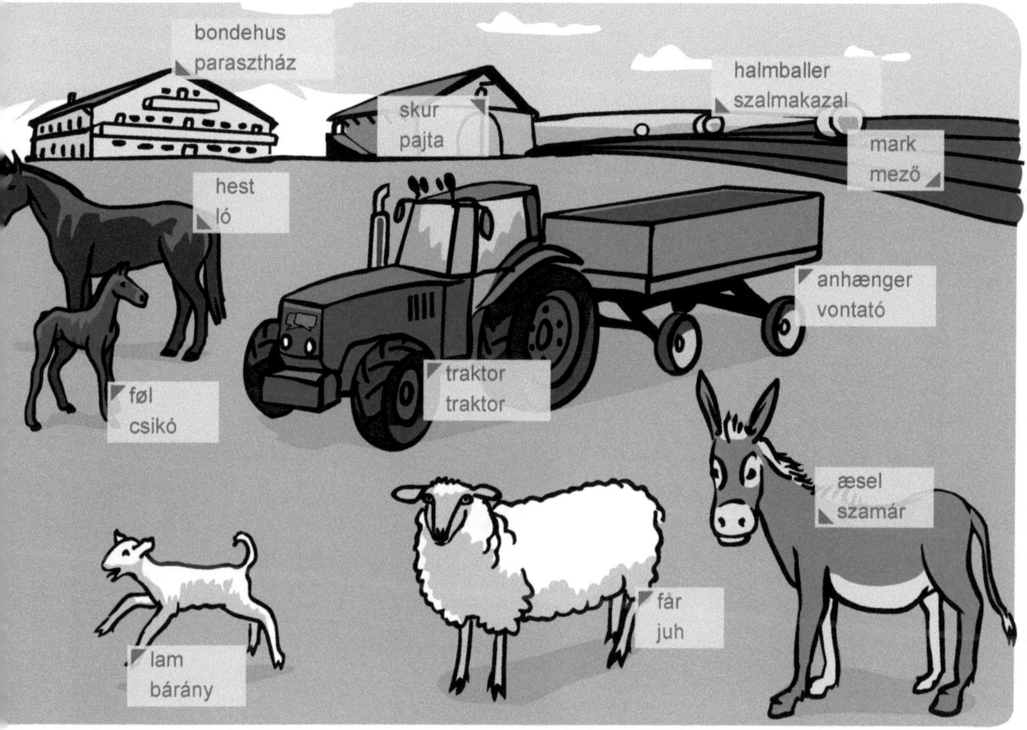
bondehus
parasztház
skur
pajta
halmballer
szalmakazal
mark
mező
hest
ló
anhænger
vontató
traktor
traktor
føl
csikó
æsel
szamár
får
juh
lam
bárány

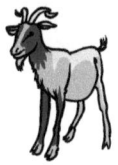

ged
kecske

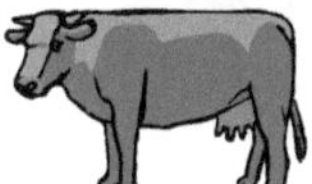

ko
tehén

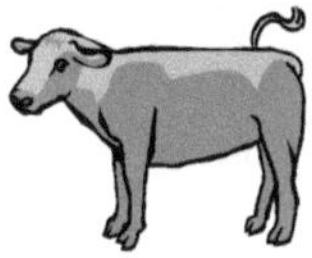

kalv
borjú

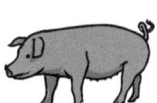

svin
malac

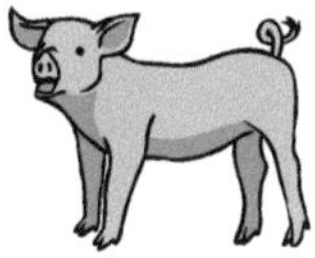

gris
kismalac

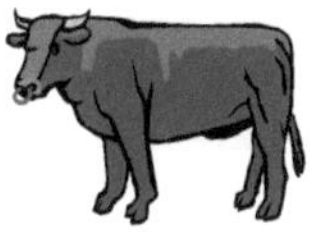

tyr
bika

gås

liba

and

kacsa

kylling

csibe

høne

tojó

hane

kakas

rotte

patkány

kat

macska

mus

egér

okse

ökör

hund

kutya

hundehus

kutyaház

haveslange

kerti öntözőcső

vandkande

öntözőkanna

le

kasza

plov

eke

segl
sarló

hakkejern
kapa

møggreb
vasvilla

økse
fejsze

trillebør
talicska

trug
teknő

mælkekande
tejes kancsó

sæk
zsák

hæk
kerítés

stald
istálló

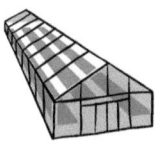

drivhus
üvegház

jord
talaj

frø
vetőmag

gødning
trágya

mejetærsker
cséplőgép

høste
....
szüretelni

høst
....
betakarítás

yams
....
yamgyökér

hvede
....
búza

soja
....
szója

kartoffel
....
burgonya

majs
....
kukorica

raps
....
repcemag

frugttræ
....
gyümölcsfa

maniok
....
manióka

korn
....
gabona

hus
ház

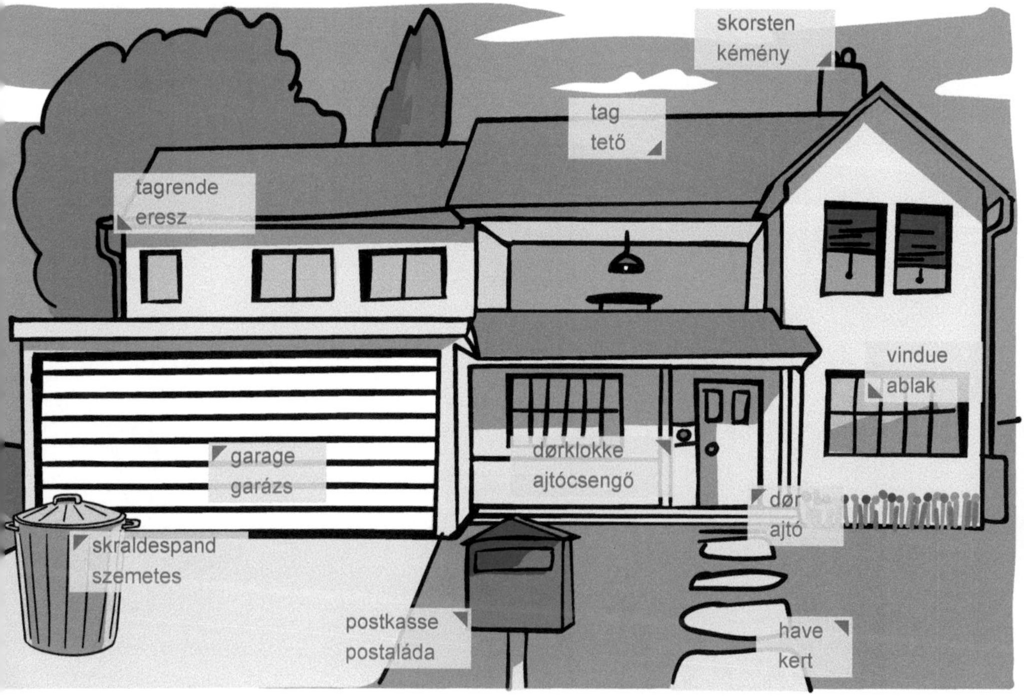
skorsten
kémény
tag
tető
tagrende
eresz
vindue
ablak
garage
garázs
dørklokke
ajtócsengő
dør
ajtó
skraldespand
szemetes
postkasse
postaláda
have
kert

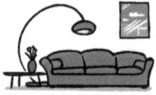

stue
nappali

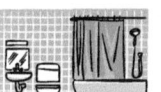

badeværelse
fürdőszoba

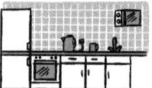

køkken
konyha

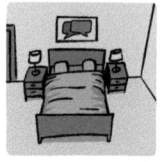

soveværelse
hálószoba

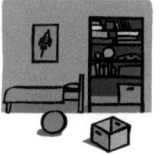

børneværelse
gyerekszoba

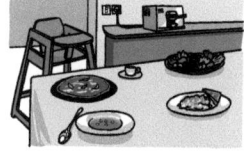

spisestue
ebédlő

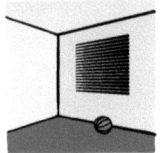

gulv
....
padló

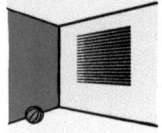

væg
....
fal

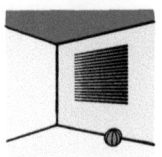

loft
....
plafon

kælder
....
pince

sauna
....
szauna

altan
....
erkély

terrasse
....
terasz

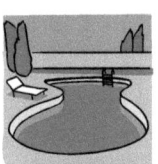

svømmehal
....
medence

plæneklipper
....
fűnyíró

dynebetræk
....
lepedő

dyne
....
ágytakaró

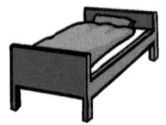

seng
....
ágy

kost
....
seprű

spand
....
vödör

kontakt
....
kapcsoló

stue
nappali

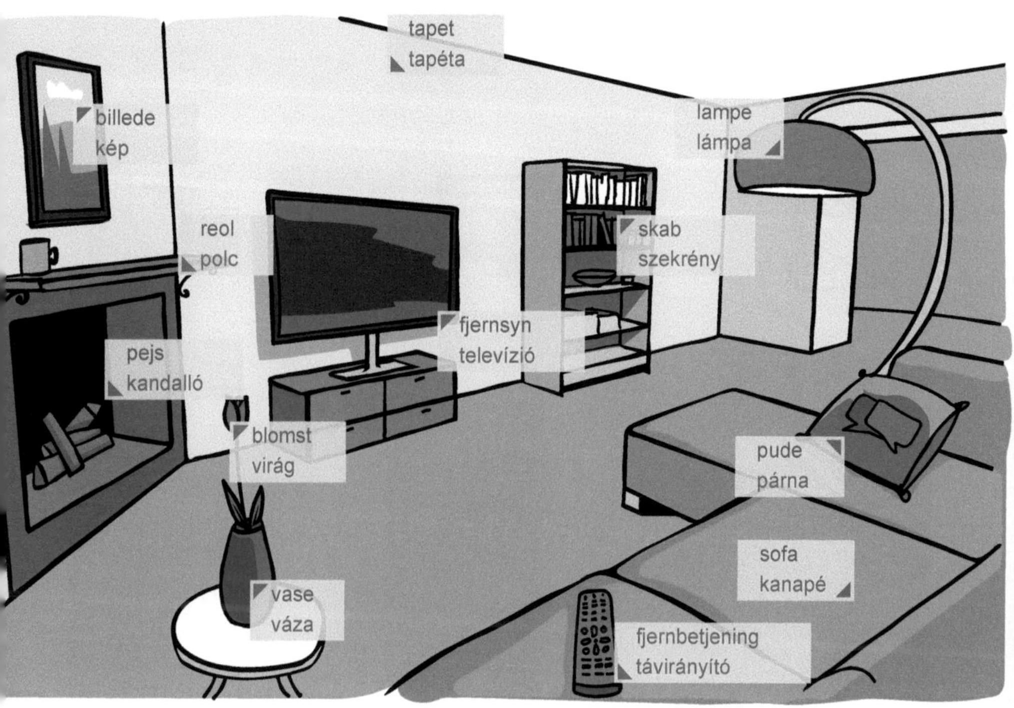
tapet
tapéta
billede
kép
lampe
lámpa
reol
polc
skab
szekrény
fjernsyn
televízió
pejs
kandalló
blomst
virág
pude
párna
sofa
kanapé
vase
váza
fjernbetjening
távirányító

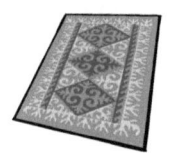

gulvtæppe

szőnyeg

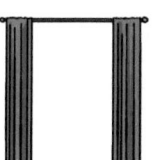

gardin

függöny

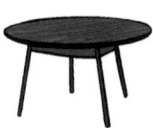

bord

asztal

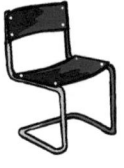

stol

szék

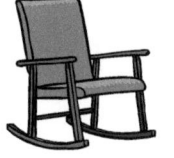

gyngestol

hintaszék

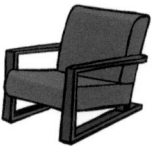

lænestol

karosszék

bog

könyv

tæppe

takaró

dekoration

dekoráció

brænde

tűzifa

film

film

stereoanlæg

hifi

nøgle

kulcs

avis

újság

maleri

festmény

plakat

poszter

radio

rádió

notesblok

jegyzetfüzet

støvsuger

porszívó

kaktus

kaktusz

lys

gyertya

køkken
konyha

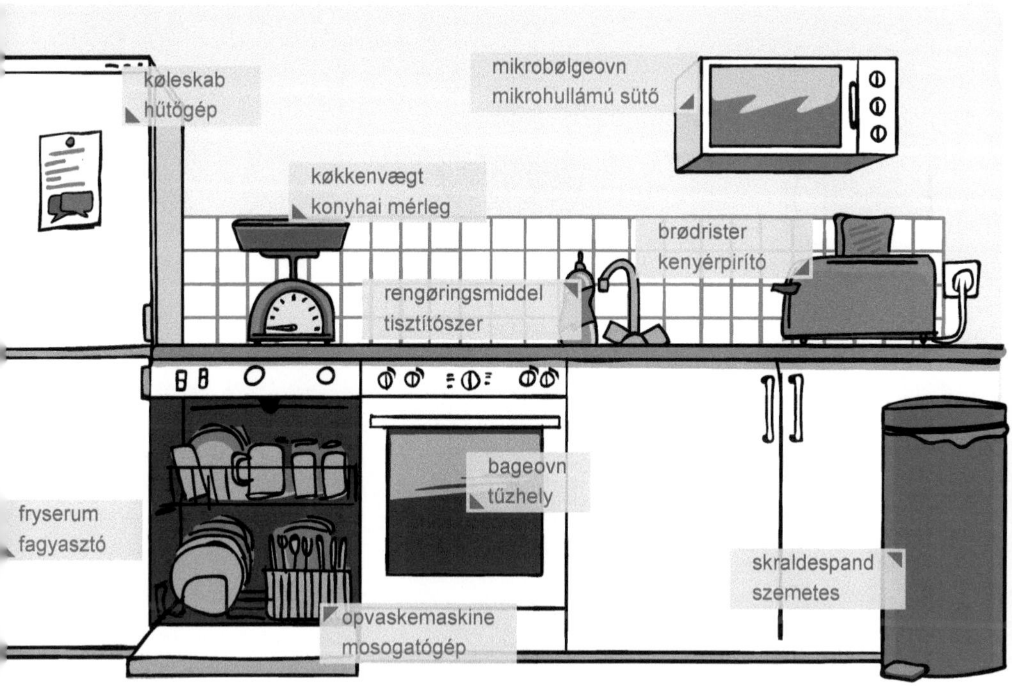

køleskab
hűtőgép
mikrobølgeovn
mikrohullámú sütő
køkkenvægt
konyhai mérleg
brødrister
kenyérpirító
rengøringsmiddel
tisztítószer
bageovn
tűzhely
fryserum
fagyasztó
skraldespand
szemetes
opvaskemaskine
mosogatógép

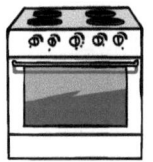

komfur

tűzhely

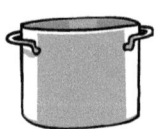

gryde

edény

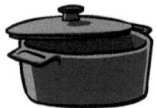

jerngryde

vasfazék

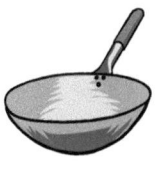

wok / kadai

wok / kadai

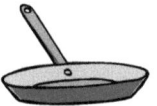

pande

serpenyő

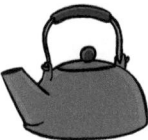

elkedel

vízforraló

dampkoger

pároló

bageplade

tepsi

service

étkészlet

bæger

bögre

skål

tálka

spisepinde

evőpálcika

øseske

merőkanál

paletkniv

keverőlapátka

piskeris

habverő

dørslag

szűrő

si

szita

rive

reszelő

morter

mozsár

grille

grillsütő

ildsted

kandalló

skærebræt

vágódeszka

kagerulle

sodrófa

proptrækker

dugóhúzó

dåse

doboz

dåseåbner

konzervnyitó

grydelap

edényfogó

køkkenvask

mosogató

børste

kefe

svamp

szivacs

blender

turmixgép

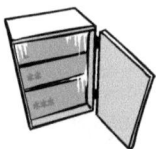

dybfryser

mélyhűtő

sutteflaske

cumisüveg

vandhane

csap

badeværelse
fürdőszoba

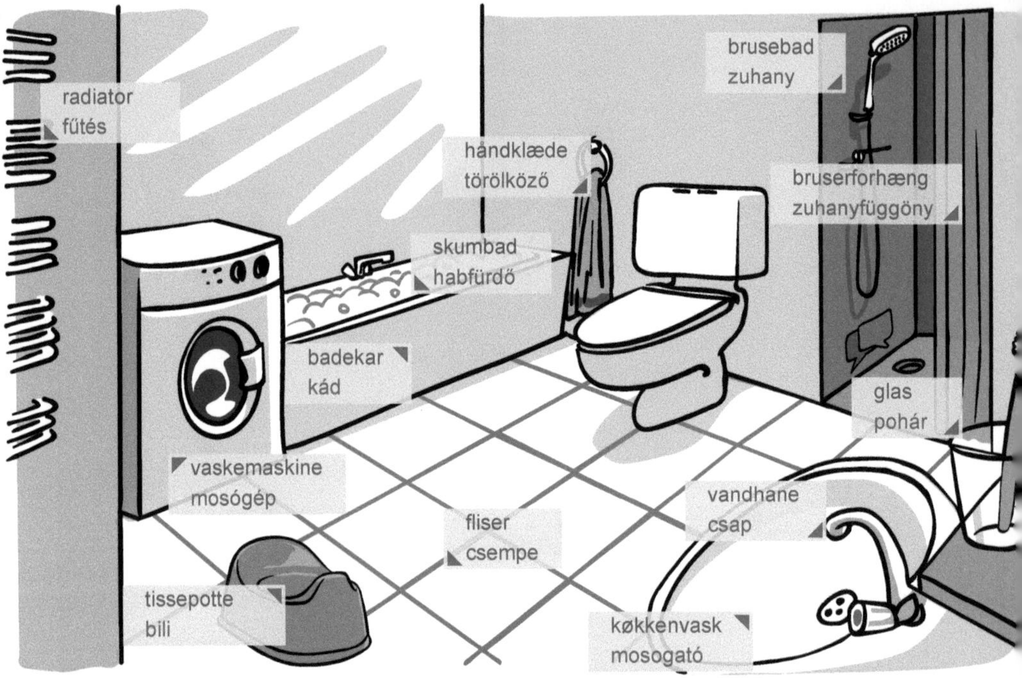

radiator
fűtés
håndklæde
törölköző
brusebad
zuhany
bruserforhæng
zuhanyfüggöny
skumbad
habfürdő
badekar
kád
glas
pohár
vaskemaskine
mosógép
vandhane
csap
fliser
csempe
tissepotte
bili
køkkenvask
mosogató

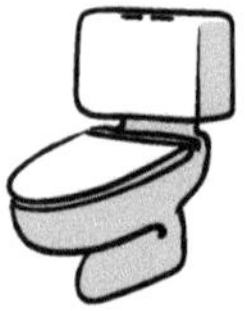

toilet

toalett

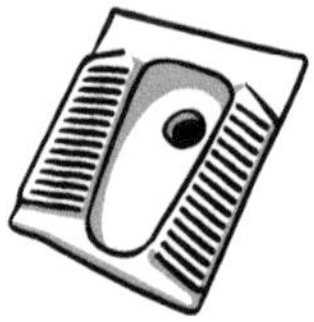

hugsiddende toilet

guggolós toalett

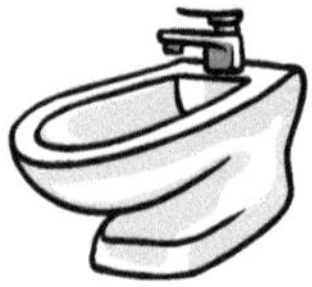

bidet

bidé

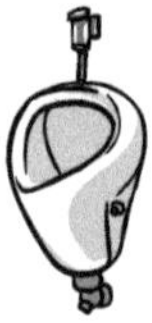

pissoir

piszoár

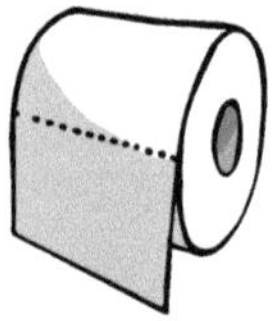

toiletpapir

toalett papír

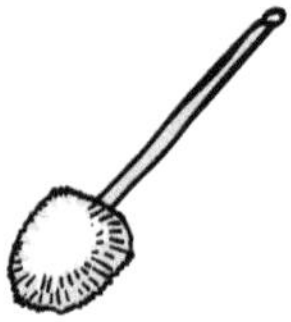

toiletbørste

wc kefe

tandbørste

fogkefe

tandpasta

fogkrém

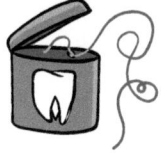

tandtråd

fogselyem

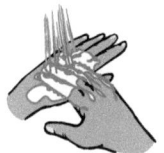

vaske

mosni

håndbruser

kézi zuhany

intimbruser

intimzuhany

vaskefad

mosdótál

badebørste

hátmosó kefe

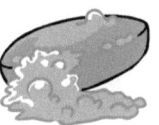

sæbe

szappan

brusegele

tusfürdő

shampoo

sampon

vaskeklud

mosdókesztyű

afløb

lefolyó

creme

krém

deodorant

dezodor

spejl

tükör

kosmetikspejl

kézitükör

barberhøvl

borotva

barberskum

borotvahab

barbervand

borotválkozás utáni
arcszesz

kam

fésű

børste

hajkefe

hårtørrer

hajszárító

hårspray

hajlakk

makeup

smink

læbestift

ajakrúzs

neglelak

körömlakk

vat

vatta

neglesaks

körömvágó olló

parfume

parfüm

toilettaske

neszesszer

skammel

sámli

vægt

mérleg

badekåbe

köntös

gummihandsker

gumikesztyű

tampon

tampon

damebind

egészségügyi betét

kemisk toilet

vegyi WC

børneværelse
gyerekszoba

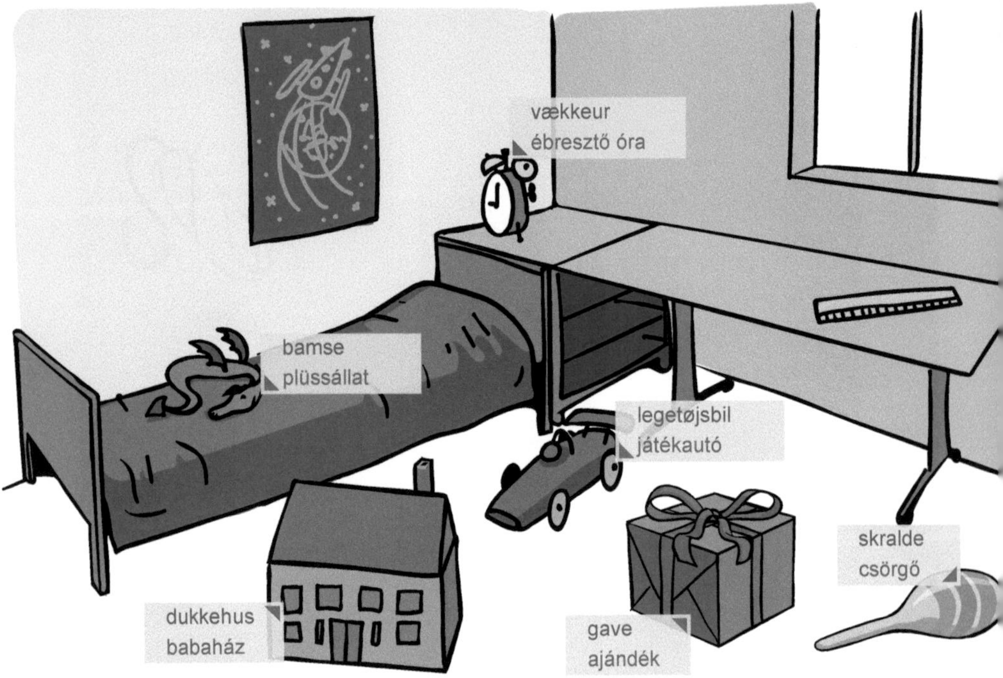
vækkeur
ébresztő óra
bamse
plüssállat
legetøjsbil
játékautó
skralde
csörgő
dukkehus
babaház
gave
ajándék

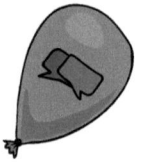

ballon
lufi

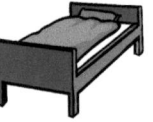

seng
ágy

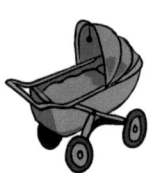

barnevogn
babakocsi

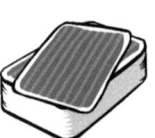

kortspil
kártyapakli

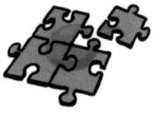

puslespil
kirakós játék

SUPER MEGA

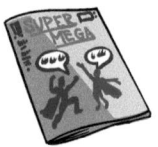

tegneserie
képregény

legoklodser

építőkockák

byggeklodser

építőelem

action figur

szuperhős

sparkedragt

rugdalózó

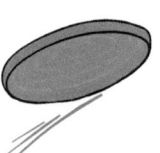

frisbee

frizbi

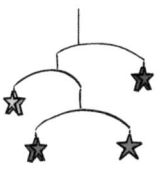

uro

zenélő forgó

brætspil

társasjáték

terning

kocka

modeljernbane

modellvasút

sut

cumi

fest

zsúr

billedbog

képeskönyv

bold

labda

dukke

baba

lege

játszani

sandkasse

homokozó

gynge

hinta

legetøj

játékok

spillekonsol

videójáték konzol

trehjulet cykel

tricikli

bamse

teddi maci

klædeskab

ruhásszekrény

tøj
ruházat

sokker

zokni

strømper

harisnya

strømpebukser

harisnyanadrág

sjal
sál

paraply
esernyő

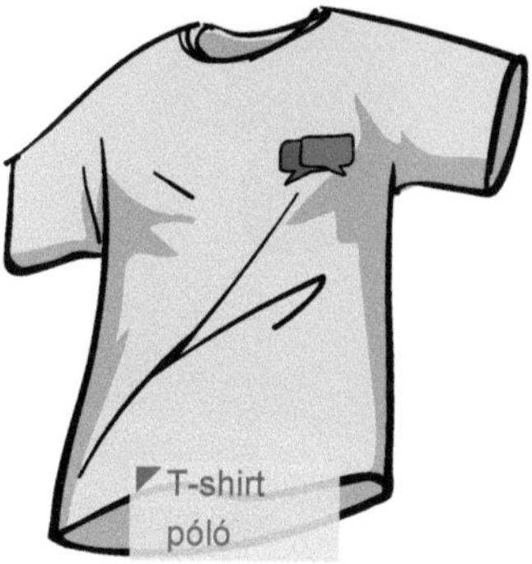

T-shirt
póló

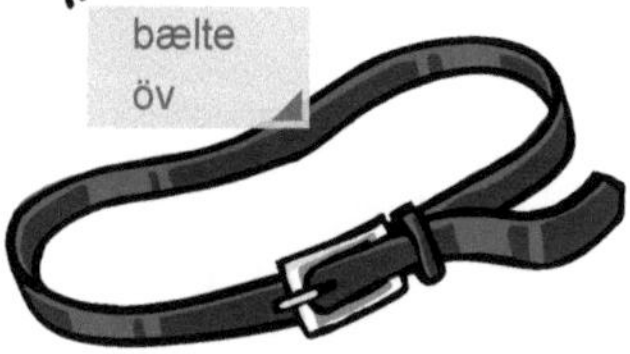

bælte
öv

sneakers
tornacipő

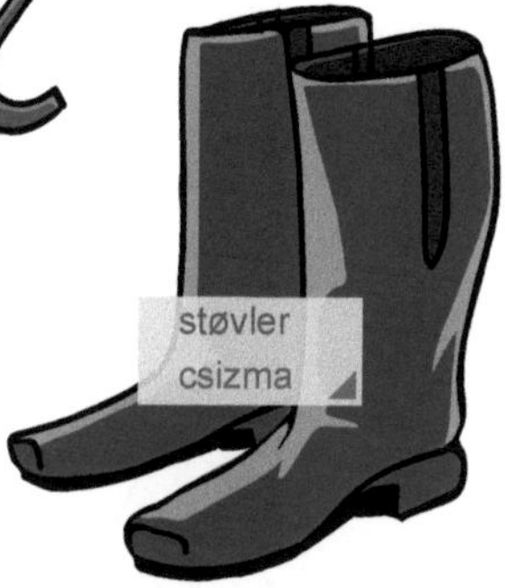

støvler
csizma

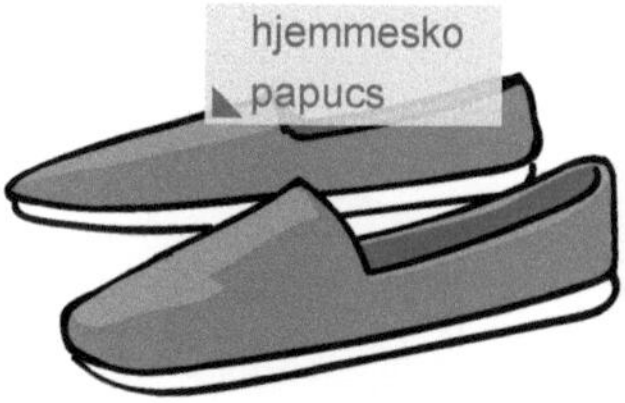

hjemmesko
papucs

sandaler	sko	gummistøvler
szandál	cipő	gumicsizma

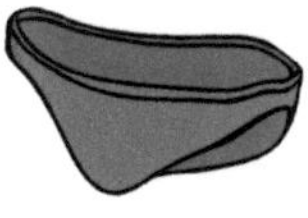

underbukser	BH	undertrøje
alsónadrág	melltartó	mellény

body
body

bukser
nadrág

jeans
farmer

nederdel
szoknya

bluse
blúz

skjorte
ing

pullover
pulóver

sweatshirt
kapucnis pulóver

blazer
blézer

jakke
dzseki

frakke
kabát

regnfrakke
esőkabát

kostume
kosztüm

kjole
ruha

brudekjole
esküvői ruha

tøj - ruházat

jakkesæt
öltöny

nattrøje
hálóing

pyjamas
pizsama

sari
szári

hovedtørklæde
fejkendő

turban
turbán

burka
burka

kaftan
kaftán

abaya
abaya

badedragt
fürdőruha

badebukser
fürdőnadrág

korte bukser
rövidnadrág

træningsdragt
tréningruha

forklæde
kötény

handsker
kesztyű

knap
gomb

briller
szemüveg

armbånd
karkötő

kæde
nyaklánc

ring
gyűrű

ørering
fülbevaló

hue
sapka

bøjle
vállfa

hat
kalap

slips
nyakkendő

lynlås
cipzár

hjelm
bukósisak

seler
nadrágtartó

skoleuniform
iskolai egyenruha

uniform
egyenruha

hagesmæk

előke

sut

cumi

ble

pelenka

kontor
iroda

server
szerver

arkivskab
irattartó szekrény

printer
nyomtató

skærm
képernyő

papir
papír

skrivebord
íróasztal

mus
egér

mappe
mappa

tastatur
billentyűzet

papirkurv
papír-hulladék gyűjtő

computer
számítógép

stol
szék

kaffekrus

kávéscsésze

lommeregner

számológép

internet

internet

bærbar

laptop

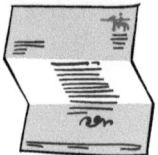

brev

levél

besked

üzenet

mobil

mobiltelefon

netværk

hálózat

kopimaskine

fénymásoló

software

szoftver

telefon

telefon

stikdåse

konnektor

fax

faxgép

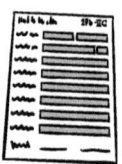

formular

formanyomtatvány

dokument

dokumentum

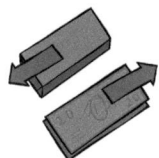

købe
venni

betale
fizetni

handle
kereskedni

penge
pénz

dollar
dollár

euro
euró

yen
jen

rubel
rubel

schweizerfranc
svájci frank

renminbi yuan
kínai jüan

rupee
rúpia

hæveautomat
bankautomata

vekselkontor

valutaváltó iroda

guld

arany

sølv

ezüst

olie

olaj

energi

energia

pris

ár

kontrakt

szerződés

skat

adó

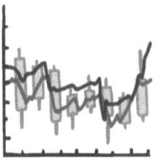

aktie

részvény

arbejde

dolgozni

ansat

munkavállaló

arbejdsgiver

munkaadó

fabrik

gyár

butik

üzlet

erhverv
foglalkozások

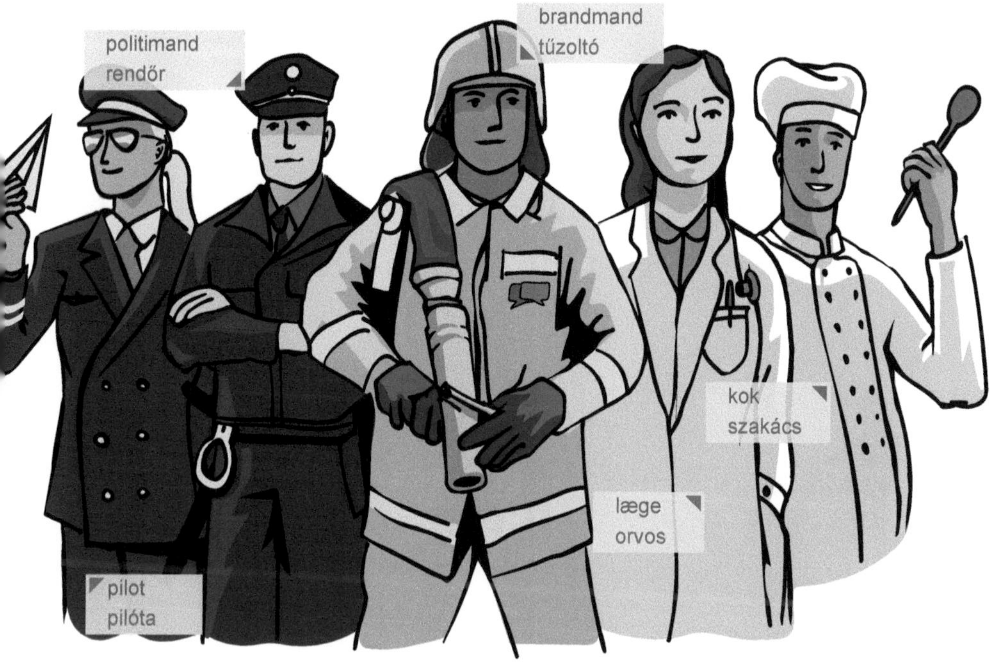
politimand
rendőr
brandmand
tűzoltó
kok
szakács
læge
orvos
pilot
pilóta

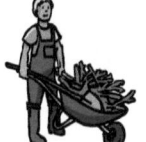

gartner

kertész

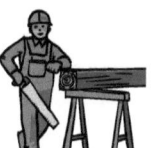

tømrer

kárpitos

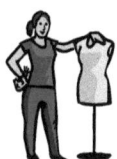

syerske

varrónő

dommer

bíró

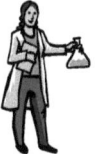

kemiker

vegyész

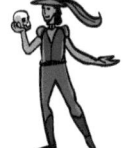

skuespiller

színész

buschauffør

buszsofőr

taxachauffør

taxisofőr

fisker

halász

rengøringskone

bejárónő

tagdækker

tetőfedő

tjener

pincér

jæger

vadász

maler

festő

bager

pék

elektriker

villanyszerelő

bygningsarbejder

építőmunkás

ingeniør

mérnök

slagter

hentes

vvs-mand

vízvezeték-szerelő

postbud

postás

soldat

katona

arkitekt

építész

kasserer

eladó

blomsterhandler

virágos

frisør

fodrász

togfører

kalauz

mekaniker

műszerész

kaptajn

kapitány

tandlæge

fogorvos

videnskabsmand

tudós

rabbiner

rabbi

imam

imám

munk

szerzetes

præst

lelkész

værktøj
szerszámok

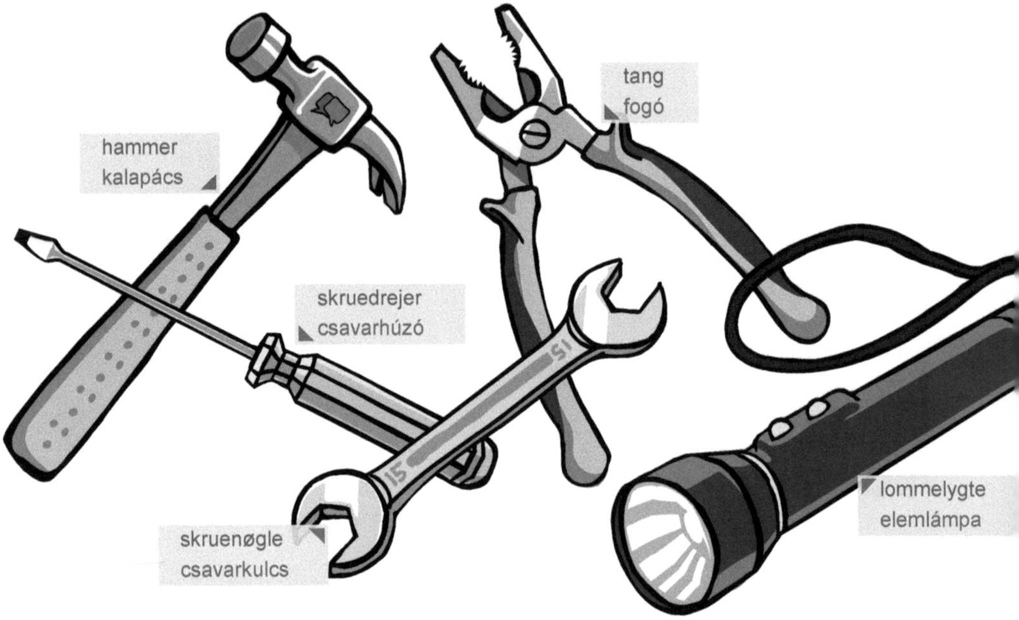
tang
fogó
hammer
kalapács
skruedrejer
csavarhúzó
skruenøgle
csavarkulcs
lommelygte
elemlámpa

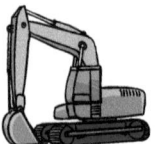

gravemaskine

markológép

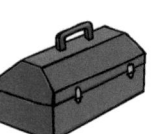

værktøjskasse

szerszámosláda

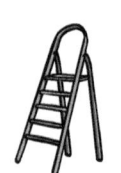

stige

vödör

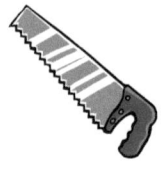

sav

fűrész

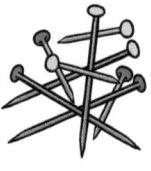

søm

szög

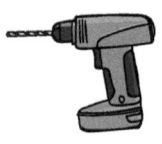

bor

fúrógép

reparere

megjavítani

skovl

lapát

Lort!

A francba!

fejebakke

szemétlapát

malerspand

festékesdoboz

skruer

csavar

musikinstrumenter
hangszerek

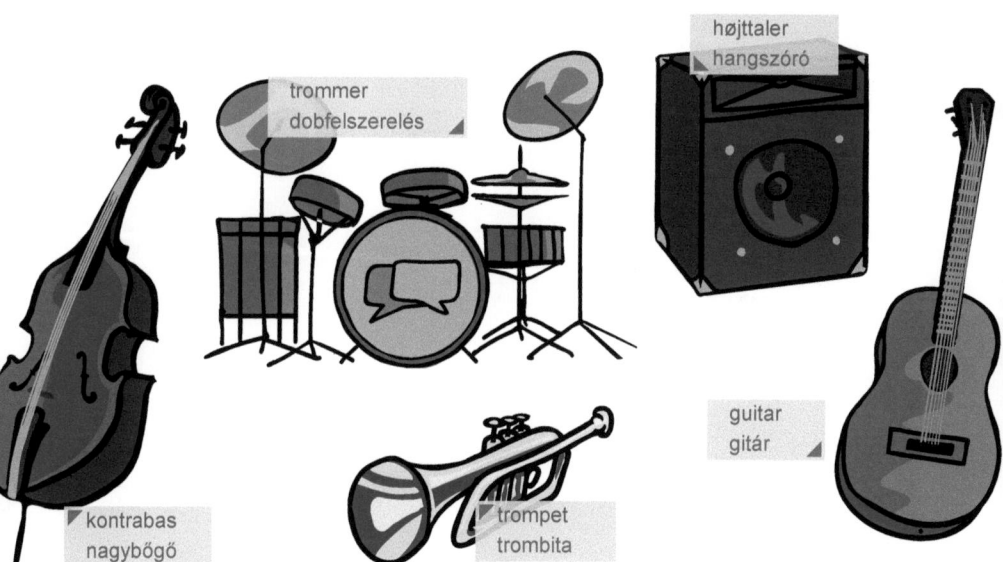

trommer
dobfelszerelés

højttaler
hangszóró

guitar
gitár

kontrabas
nagybőgő

trompet
trombita

klaver
zongora

violin
hegedű

bas
basszusgitár

pauke
üstdob

tromme
dobok

keyboard
digitális zongora

saxofon
szaxofon

fløjte
fuvola

mikrofon
mikrofon

zoo
állatkert

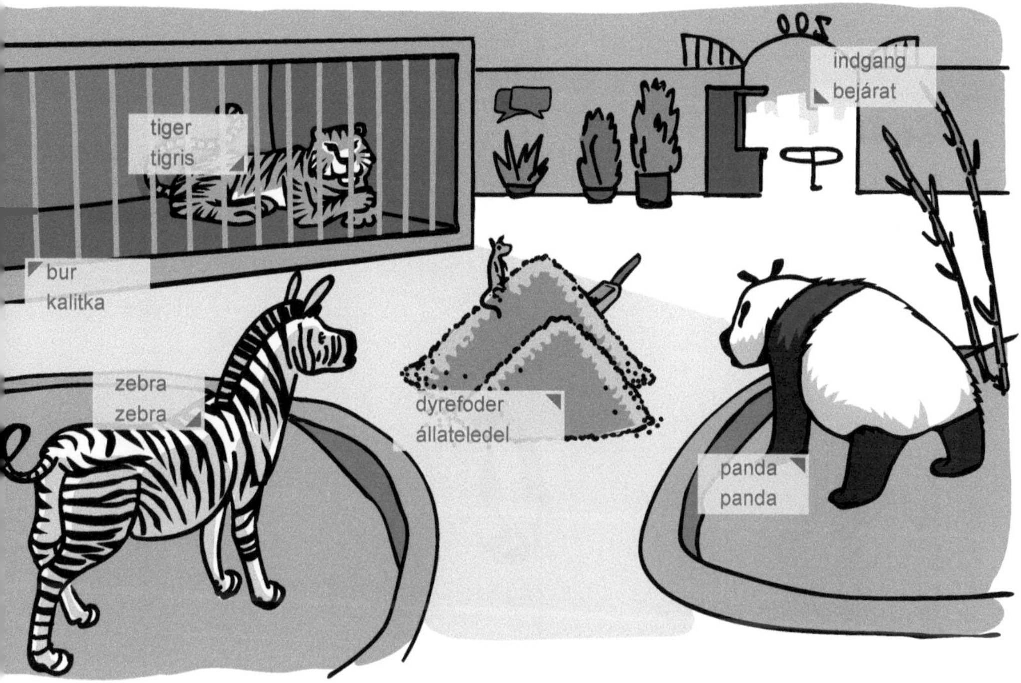
indgang
bejárat
tiger
tigris
bur
kalitka
zebra
zebra
dyrefoder
állateledel
panda
panda

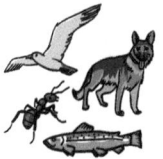

dyr
állatok

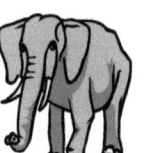

elefant
elefánt

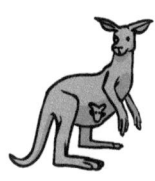

kænguru
kenguru

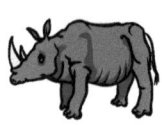

næsehorn
orrszarvú

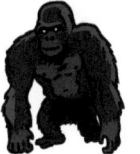

gorilla
gorilla

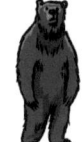

bjørn
medve

kamel

teve

struds

strucc

løve

oroszlán

abe

majom

flamingo

flamingó

papegøje

papagáj

isbjørn

jegesmedve

pingvin

pingvin

haj

cápa

påfugl

páva

slange

kígyó

krokodille

krokodil

dyrepasser

állatgondozó

sæl

fóka

jaguar

jaguár

pony

póniló

leopard

leopárd

flodhest

víziló

giraf

zsiráf

ørn

sas

vildsvin

vaddisznó

fisk

hal

skildpadde

teknős

hvalros

rozmár

ræv

róka

gazelle

gazella

amerikansk football
amerikai futball

cykling
kerékpározás

tennis
tenisz

basketball
kosárlabda

svømning
úszás

ishockey
jégkorong

boksning
boksz

fodbold
futball

badminton
tollas

atletik
atlétika

håndbold
kézilabda

skiløb
síelés

polo
lovaspóló

aktiviteter
tevékenységek

grine
nevetni
springe
ugrani
give et knus
ölelni
gå
sétálni
synge
énekelni
drømme
álmodni
bede
dicsérni
kysse
csókolni

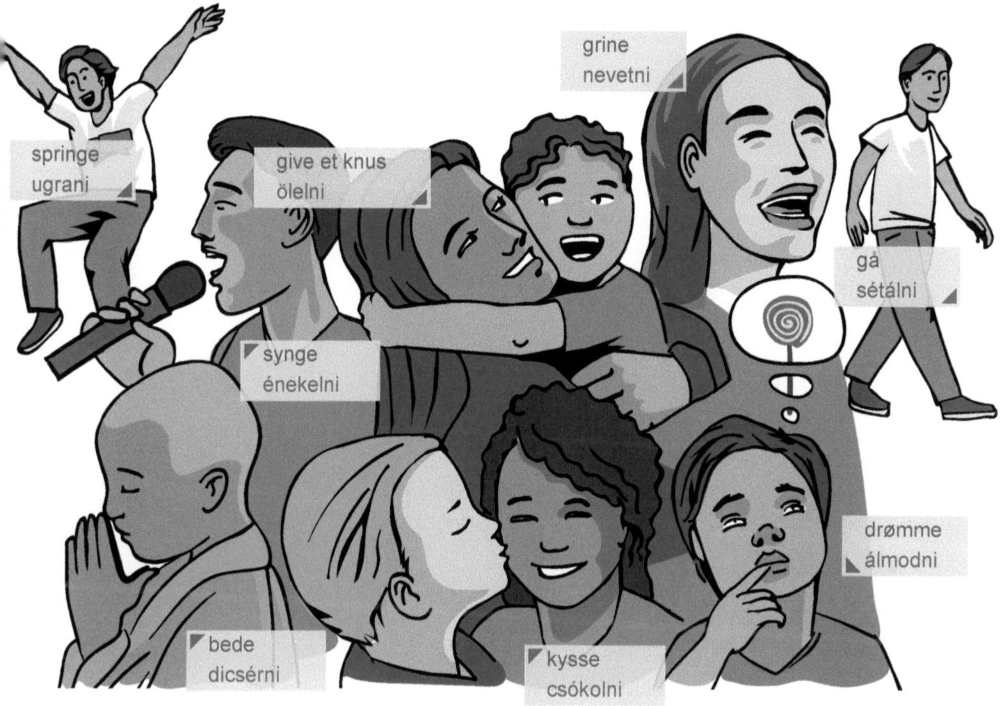

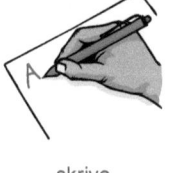

skrive
....
írni

tegne
....
rajzolni

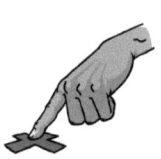

vise
....
mutatni

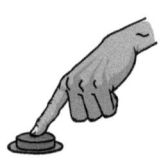

skubbe
....
tolni

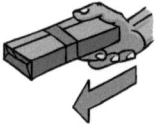

give
....
adni

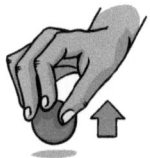

tage
....
vinni

have
....
birtokolni

gøre
....
csinálni

være
....
lenni

stå
....
állni

løbe
....
futni

trække
....
húzni

kaste
....
hajít

falde
....
esni

ligge
....
hazudni

vente
....
várni

bære
....
vinni

sidde
....
ülni

tage på
....
felvenni

sove
....
aludni

vågne
....
felébredni

se på
ránézni

græde
sírni

ae
simogat

kæmme
fésülni

tale
beszélni

forstå
megérteni

spørge
kérdezni

høre
hallgatni

drikke
inni

spise
enni

rydde op
takarítani

elske
szeretni

koge
főzni

køre
vezetni

flyve
szállni

sejle
....
vitorlázni

regne
....
számol

læse
....
olvasni

lære
....
tanulni

arbejde
....
dolgozni

gifte sig med
....
házasodni

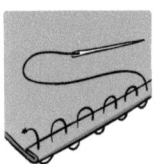

sy
....
varrni

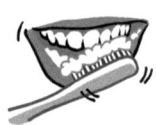

børste tænder
....
fogat mosni

dræbe
....
ölni

ryge
....
dohányozni

sende
....
küldeni

bedstemor
nagymama

baby
kisbaba

bedstefar
nagypapa

mor
anya

far
apa

datter
lány

søn
fiú

gæst

vendég

tante

nagynéni

onkel

nagybácsi

bror

fiútestvér

søster

lánytestvér

krop
test

pande
homlok
øje
szem
skulder
váll
finger
ujj
ansigt
arc
hage
áll
hånd
kéz
ben
láb
bryst
mell
arm
kar

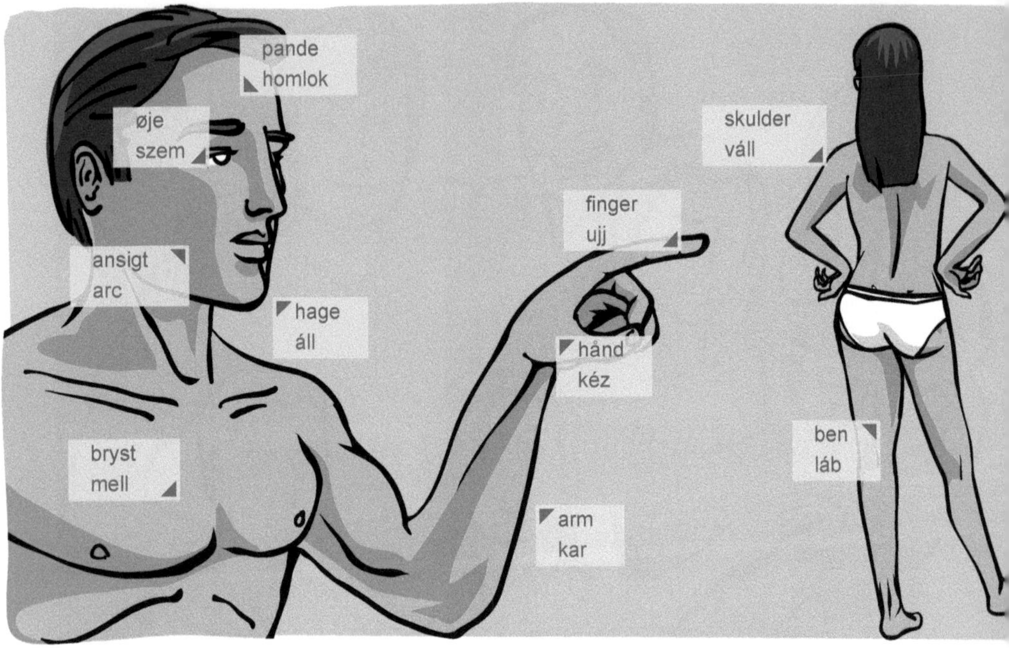

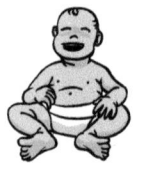

baby
kisbaba

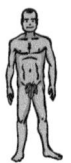

mand
ember

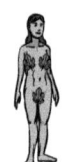

kvinde
nő

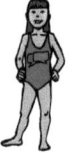

pige
lány

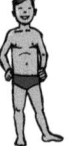

dreng
fiú

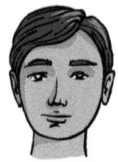

hoved
fej

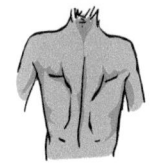

ryg
hát

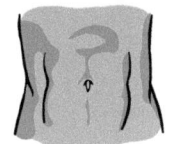

mave
has

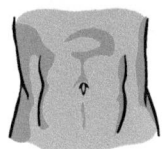

navle
köldök

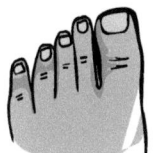

tå
lábujj

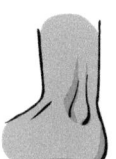

hæl
sarok

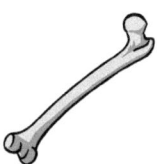

knogle
csont

hofte
csípő

knæ
térd

albue
könyök

næse
orr

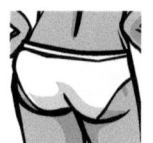

bagdel
fenék

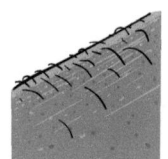

hud
bőr

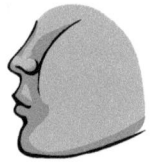

kind
orca

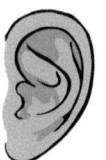

øre
fül

læbe
ajak

mund
sz#

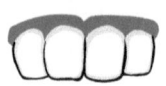

tand
fog

tunge
nyelv

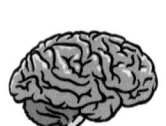

hjerne
agy

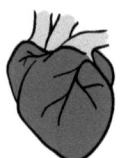

hjerte
szív

muskel
izom

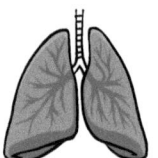

lunge
tüdő

lever
máj

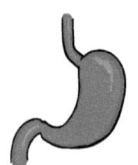

mavesæk
gyomor

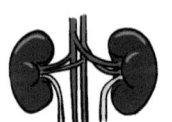

nyrer
vese

sex
szex

kondom
kondom

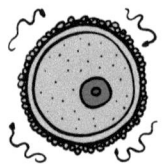

ægcelle
petesejt

sperm
sperma

svangerskab
terhesség

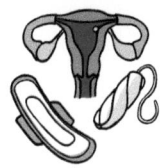

menstruation

menstruáció

vagina

vagina

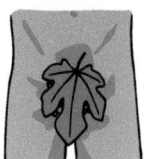

penis

pénisz

øjenbryn

szemöldök

hår

haj

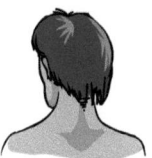

hals

nyak

sygehus
kórház

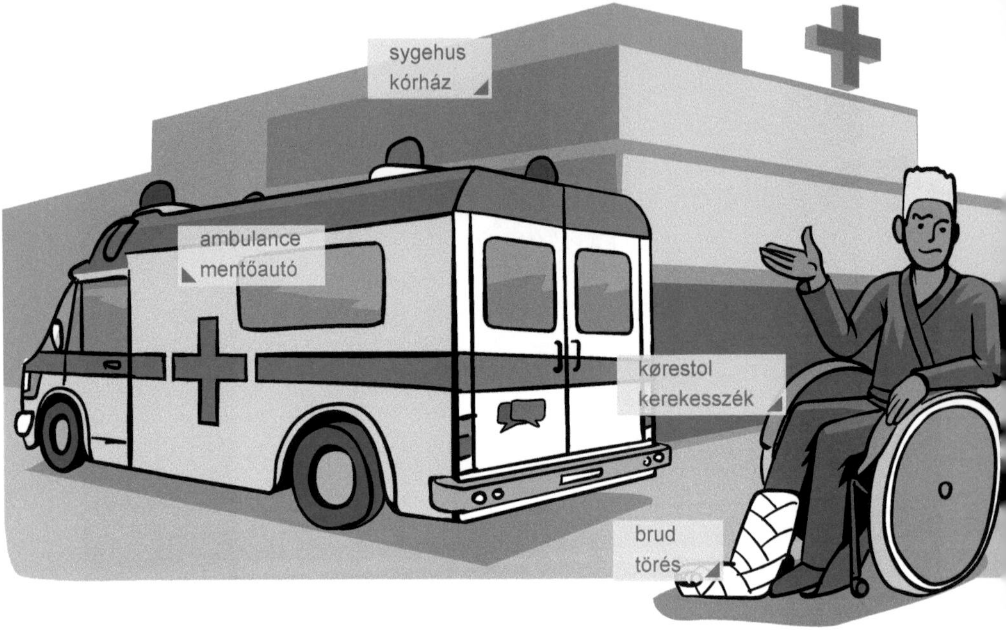

sygehus
kórház
ambulance
mentőautó
kørestol
kerekesszék
brud
törés

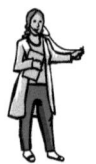

læge

orvos

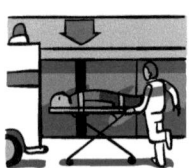

akutmodtagelse

sürgősségi osztály

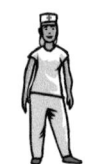

sygeplejerske

ápoló

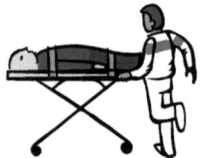

nødstilfælde

vészhelyzet

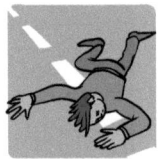

bevidstløs

eszméletlen

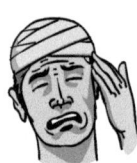

smerte

fájdalom

skade

sérülés

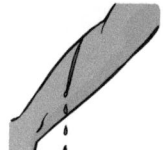

blødning

vérzés

hjerteinfarkt

szívroham

slagtilfælde

szélütés

allergi

allergia

hoste

köhögés

feber

láz

influenza

influenza

diarré

hasmenés

hovedpine

fejfájás

kræft

rák

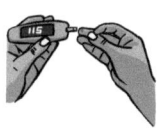

diabetes

cukorbetegség

kirurg

sebész

skalpel

szike

operation

műtét

CT

CT

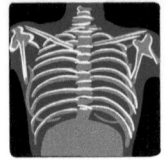

røntgen

röntgen

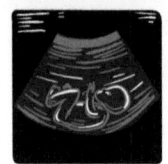

ultralyd

ultrahang

maske

arcmaszk

sygdom

betegség

venteværelse

váróterem

krykke

mankó

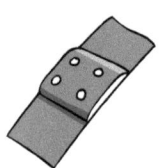

plaster

sebtapasz

forbinding

kötszer

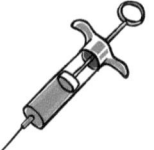

injektion

injekció

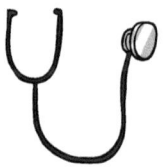

stetoskop

sztetoszkóp

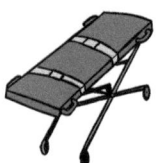

båre

hordágy

termometer

klinikai hőmérő

fødsel

születés

overvægt

túlsúly

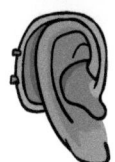

høreapparat

hallókészülék

desinficerende middel

fertőtlenítőszer

infektion

fertőzés

virus

vírus

HIV / AIDS

HIV/AIDS

medicin

orvosság

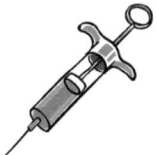

vaccination

oltás

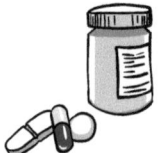

tabletter

tabletták

pille

tabletta

nødopkald

sürgősségi hívás

blodtryksmåler

vérnyomásmérő

syg / rask

betegség / egészség

Hjælp!

Segítség!

alarm

riasztás

overfald

rajtaütés

angreb

támadás

fare

veszély

nødudgang

vészkijárat

Det brænder!

tűz!

ildslukker

tűzoltókészülék

uheld

baleset

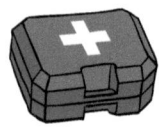

førstehjælps-kuffert

elsősegélycsomag

SOS

SOS

politi

rendőrség

Europa

Európa

Nordamerika

Észak-Amerika

Sydamerika

Dél-Amerika

Afrika

Afrika

Asien

Ázsia

Australien

Ausztrália

Atlanterhavet

Atlanti-óceán

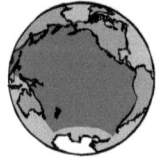

Stillehavet

Csendes-óceán

Indiske Ocean

Indiai-óceán

Sydlige Ishav

Déli-óceán

Ishav

Jeges-tenger

Nordpol

Északi-sark

Sydpol

Déli-sark

Antarktis

Antarktisz

Jorden

föld

land

szárazföld

hav

tenger

ø

sziget

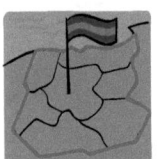

nation

nemzet

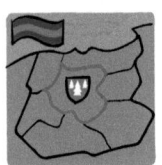

stat

állam

urskive

számlap

timeviser

kismutató

minutviser

nagymutató

sekundviser

másodpercmutató

Hvad er klokken?

Mennyi az idő?

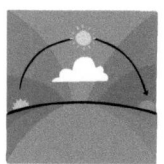

dag

nap

tid

idő

nu

most

digitalur

digitális óra

minut

perc

time

óra

uge
hét

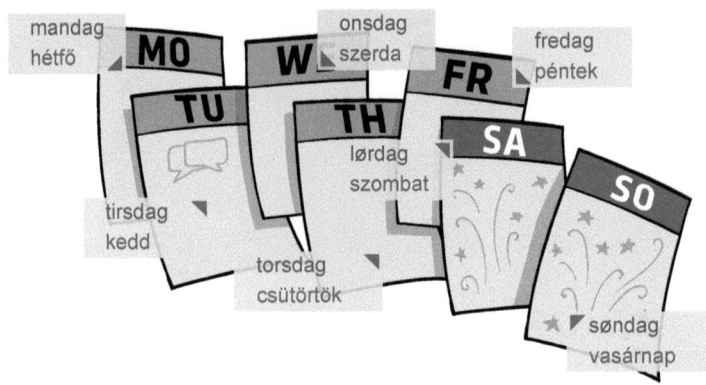

mandag
hétfő

onsdag
szerda

fredag
péntek

tirsdag
kedd

lørdag
szombat

torsdag
csütörtök

søndag
vasárnap

i går

tegnap

i dag

ma

i morgen

holnap

morgen

reggel

middag

dél

aften

este

MO	TU	WE	TH	FR	SA	SU
1	2	3	4	5	6	7
8	9	10	11	12	13	14
15	16	17	18	19	20	21
22	23	24	25	26	27	28
29	30	31	1	2	3	4

arbejdsdage

hétköznap

MO	TU	WE	TH	FR	SA	SU
1	2	3	4	5	6	7
8	9	10	11	12	13	14
15	16	17	18	19	20	21
22	23	24	25	26	27	28
29	30	31	1	2	3	4

weekend

hétvége

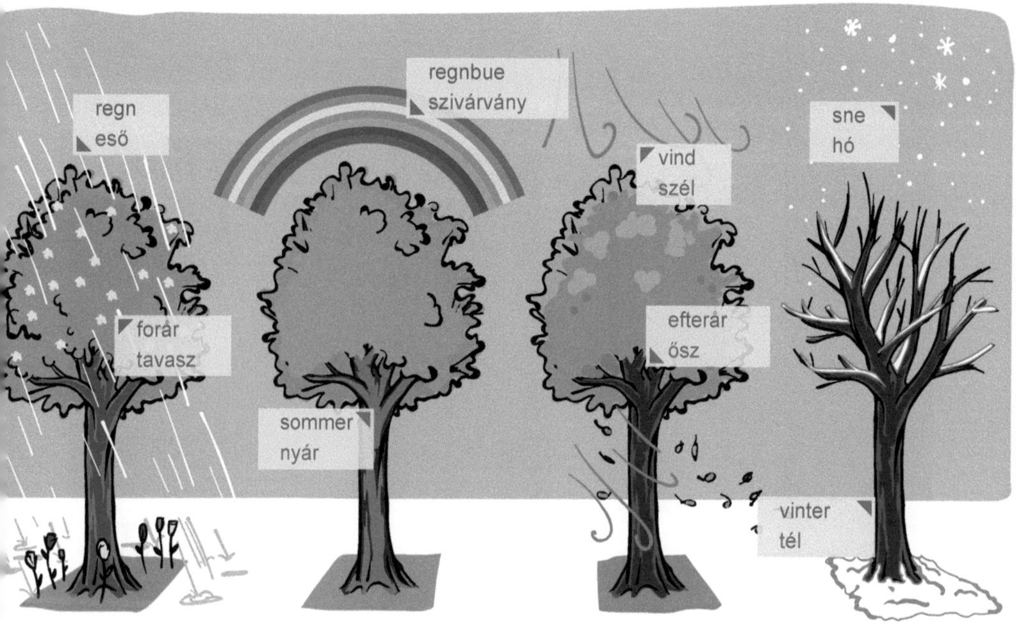

regn
eső
regnbue
szivárvány
vind
szél
sne
hó
forår
tavasz
sommer
nyár
efterår
ősz
vinter
tél

4.APRIL 11°
5.APRIL 4°
6.APRIL 13°
7.APRIL 8°
8.APRIL 10°

vejrudsigt

időjárás előrejelzés

F C
120 40
90 30
60 20
30 10
0 0
-30 -10
-20

termometer

hőmérő

solskin

napsütés

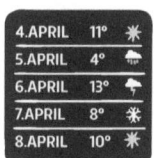

sky

felhő

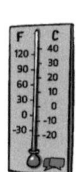

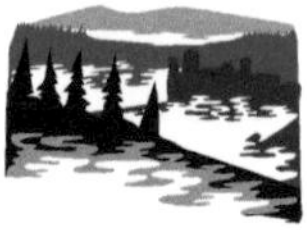

tåge

köd

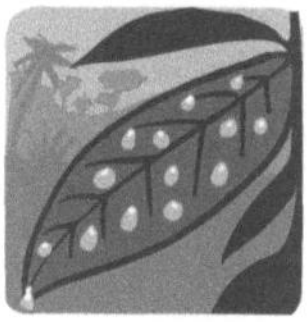

luftfugtighed

páratartalom

lyn
....
villámlás

torden
....
mennydörgés

storm
....
vihar

hagl
....
jégeső

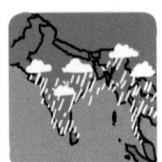

monsun
....
monszun

flod
....
áradás

is
....
jég

januar
....
január

februar
....
február

marts
....
március

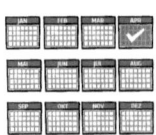

april
....
április

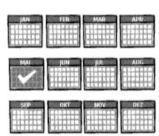

maj
....
május

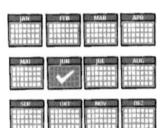

juni
....
június

juli
....
július

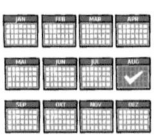

august
....
augusztus

september
....
szeptember

oktober
....
október

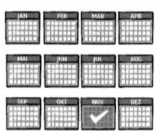

november
....
november

december
....
december

former
alakzatok

cirkel
....
kör

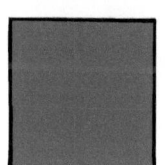

kvadrat
....
négyzet

firkant
....
téglalap

trekant
....
háromszög

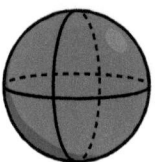

kugle
....
gömb

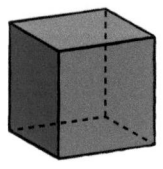

terning
....
kocka

hvid

fehér

gul

sárga

orange

narancs

pink

rózsaszín

rød

piros

lilla

lila

blå

kék

grøn

zöld

brun

barna

grå

szürke

sort

fekete

meget / lidt
....
sok / kevés

rasende / fredelig
....
mérges / nyugodt

smuk / grim
....
szép / csúnya

begyndelse / slut
....
kezdet / vég

stor / lille
....
nagy / kicsi

lys / mørk
....
világos / sötét

bror / søster
....
fivér / nővér

ren / snavset
....
tiszta / koszos

fuldkommen / ufuldkommen
....
teljes / nem teljes

dag / nat
....
nappal / éjszaka

død / levende
....
halott / élő

bred / smal
....
széles / keskeny

spiselig / uspiselig

ehető / nem ehető

vred / venlig

gonosz / kedves

ophidset / kedet

izgatott / unott

tyk / tynd

kövér / vékony

først / sidst

első / utolsó

ven / fjende

barát / ellenség

fuld / tom

teli / üres

hård / blød

kemény / puha

tung / let

nehéz / könnyű

sult / tørst

éhség / szomjúság

syg / rask

betegség / egészség

illegal / legal

illegális / legális

intelligent / dum

intelligens / buta

venstre / højre

bal / jobb

nær / fjern

közel / távol

ny / brugt

új / használt

intet / noget

semmi / valami

gammel / ung

idős / fiatal

tændt / slukket

be / ki

åben / lukket

nyitva / zárva

stille / højt

csendes / hangos

rig / fattig

gazdag / szegény

rigtig / forkert

helyes / helytelen

ru / glat

érdes / sima

ked af det / lykkelig

szomorú / vidám

kort / lang

rövid / hosszú

langsom / hurtig

lassú / gyors

våd / tør

nedves / száraz

varm / kold

meleg / hideg

krig / fred

háború / béke

0	**1**	**2**
nul	en	to
nulla	egy	kettö

3	**4**	**5**
tre	fire	fem
három	négy	öt

6	**7**	**8**
seks	syv	otte
hat	hét	nyolc

9	**10**	**11**
ni	ti	elleve
kilenc	tíz	tizenegy

12	**13**	**14**
tolv	tretten	fjorten
tizenkettő	tizenhárom	tizennégy

15	**16**	**17**
femten	seksten	sytten
tizenöt	tizenhat	tizenhét

18	**19**	**20**
atten	nitten	tyve
tizennyolc	tizenkilenc	húsz

100	**1.000**	**1.000.000**
hundrede	tusinde	million
száz	ezer	millió

engelsk

angol

amerikansk engelsk

amerikai angol

kinesisk mandarin

mandarin kínai

hindi

hindi

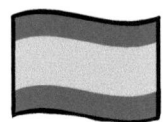

spansk

spanyol

fransk

francia

arabisk

arab

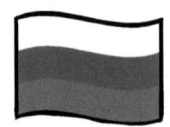

russisk

orosz

portugisisk

portugál

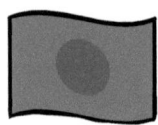

bengalsk

bengáli

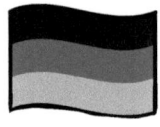

tysk

német

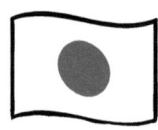

japansk

japán

jeg
én

du
te

han / hun / den / det
ő

vi
mi

I
ti

de
ők

hvem?
ki?

hvad?
mi?

hvordan?
hogyan?

hvor?
hol?

hvornár?
mikor?

navn
név

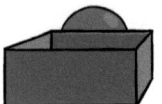

bag

mögött

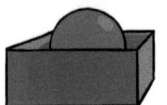

i

benne

foran

elötte

over

felette

på

rajta

under

alatta

ved siden af

mellett

imellem

között

sted

hely